Für

Von

No. 55

Schöner lesen!

MIX
Papier aus verantwortungsvollen Quellen
FSC® C144853
FSC
www.fsc.org

ISBN 978-3-649-64989-2

Hafenweg 30, 48155 Münster, Germany
Illustrationen: © 2025 Marjolein Bastin
Grafische Gestaltung: Daniela Lengers Grafik-Design, Laer
Redaktion: Kreativlektorat Daniela Vogel, Finnentrop

Designed in Germany, Printed in P.R.C.

www.coppenrath.de

Marjolein Bastin

KLEINE PAUSE FÜR DIE SEELE

In der Ruhe liegt die Kraft

COPPENRATH

SONNENTAGE

Einzig schöne Tage,
Sonnentage der Seele …
da sie stille liegt in wunschlosem Traum, wie der Märchensee hoch oben in stiller Schwarzwaldberge grüner Einsamkeit!

Keine Welle kräuselt seinen klaren Spiegel …
nur wenn eine weiße Wasserrose in froher Sonnensehnsucht sich aus seiner Tiefe hebt
oder wenn ein kleiner Vogel, ein Liedchen zwitschernd, über ihn streift, mit leichtem Flügel
oder wenn
ein braunes Reh wo aus den Tannen tritt, an ihm zu trinken.

CÄSAR FLAISCHLEN

Gib den Füßen Ruhe, aber auch dem

Herzen.

AUS NIGERIA

Entspanne dich. Lass das Steuer los.
Trudele durch die Welt. Sie ist so schön:
Gib dich ihr hin, und sie wird sich dir geben.

KURT TUCHOLSKY

Nimm dir Zeit zum Glücklichsein,
es ist die Quelle der Kraft.
Nimm dir Zeit zum Spielen,
es ist das Geheimnis der Jugend.
Nimm dir Zeit zum Lesen,
es ist der Ursprung der Weisheit.
Nimm dir Zeit zum Träumen,
es ist der Weg zu den Sternen.

IRISCHER SEGENSWUNSCH

Ruhe ist Glück –
wenn sie ein Ausruhen ist, wenn wir sie gewählt,
wenn wir sie gefunden, nachdem wir sie gesucht.

LUDWIG BÖRNE

SELIG

SIND DIE STUNDEN

DES NICHTSTUNS,

DENN IN IHNEN

ARBEITET

UNSERE SEELE.

EGON FRIEDELL

Hunderttausende haben keine Ahnung, was Ruhe ist, würden zu Tode erschrecken, kämen sie zum ersten Mal wirklich in diesen Zustand, der etwas von

träumender Magie

an sich hat.

PRENTICE MULFORD

In einem arbeitsreichen Leben
gibt es einen Ratschlag,
dem niemand widersprechen wird, nämlich:
gelegentlich völlig untätig zu sein.

SIDNEY SMITH

Gönne dir
einen Augenblick der Ruhe und du begreifst,
wie närrisch du herumgehastet bist.
Lerne zu schweigen und du merkst,
dass du viel zu viel geredet hast.

LAOTSE

Tägliche und wöchentliche Routinen geben deinem Leben eine Struktur, die dir Halt verleiht, dich erdet und dir Ruhe schenken kann – gerade, wenn es in deinem Leben mal hektisch zugeht.

DAS GEHEIMNIS DER ZUFRIEDENHEIT

Es kamen einmal ein paar Suchende zu einem alten Zenmeister.
„Meister“, fragte einer von ihnen, „was tust du, um glücklich und zufrieden zu sein? Ich wäre auch gerne so glücklich wie du.“
Der Alte antwortete mit mildem Lächeln: „Wenn ich liege, dann liege ich. Wenn ich aufstehe, dann stehe ich auf. Wenn ich gehe, dann gehe ich, und wenn ich esse, dann esse ich.“
Die Fragenden schauten etwas betreten in die Runde.
Einer platzte heraus: „Bitte, treibe keinen Spott mit uns. Was du sagst, tun wir auch. Wir schlafen, essen und gehen. Aber wir sind nicht glücklich. Was ist also dein Geheimnis?“
Es kam die gleiche Antwort: „Wenn ich liege, dann liege ich. Wenn ich aufstehe, dann stehe ich auf.

Wenn ich gehe, dann gehe ich, und wenn ich esse, dann esse ich.“

Die Unruhe und den Unmut der Suchenden betrachtend, fügte der Meister nach einer Weile hinzu: „Sicher liegt auch ihr und ihr geht auch und ihr esst. Aber während ihr liegt, denkt ihr schon ans Aufstehen. Während ihr aufsteht, überlegt ihr, wohin ihr geht, und während ihr geht, fragt ihr euch, was ihr essen werdet. So sind eure Gedanken ständig woanders und nicht da, wo ihr gerade seid. In dem Schnittpunkt zwischen Vergangenheit und Zukunft findet das eigentliche Leben statt. Lasst euch auf diesen nicht messbaren Augenblick ganz ein und ihr habt die Chance, wirklich glücklich und zufrieden zu sein.“

NACH EINER PARABEL DES ZEN-BUDDHISMUS

Sei gegenwärtig in allem, was du tust,
die einzige Wirklichkeit ist jetzt.
Solange du Vergangenem nachhängst
oder Zukünftigem nachstellst,
bist du nicht wirklich hier, am Leben.

AUS DEM ZEN-BUDDHISMUS

Denke immer daran,
dass es nur eine wichtige Zeit gibt:
Heute. Hier. Jetzt.

LEO N. TOLSTOI

Laufe nicht der Vergangenheit nach.
Verliere dich nicht in der Zukunft.
Die Vergangenheit ist nicht mehr.
Die Zukunft ist noch nicht gekommen.
Das Leben ist hier und jetzt.

SIDDHARTHA GAUTAMA

DIE ZEIT EIN STETES HEUTE

Was heute gestern heißt,
das hieß man gestern heute.
Was heute Morgen ist,
wird morgen heute sein.
Und dennoch sorget ihr für morgen, blinde Leute!
Weils morgen heut auch ist,
so sorgt für heut allein.

NICOLAUS LUDWIG ESMARCH

O WAS IST
GLÜCKSELIGER,
ALS FREI VON SORGEN
ZU SEIN!

GAIUS VALERIUS CATULL

Halte dir jeden Tag dreißig Minuten
für deine Sorgen frei und in dieser Zeit mache ein

Nickerchen.

ABRAHAM LINCOLN

Warum irrst du, o Herz, vergebens umher? So ruhe doch irgendwo aus! Wie alles sich von selbst gestaltet, so wird es, nicht anders. Des Vergangenen sollst du nicht gedenken und auch über das Zukünftige dir keine Gedanken machen: Genieße hier die Freuden, die unerwartet kommen und gehen.

BHARTRIHARI

Mögest du Ruhe finden, wenn der Tag sich neigt und deine Gedanken noch einmal die Orte aufsuchen, an denen du heute Gutes erfahren hast. Auf dass die Erinnerung dich wärmt und gute Träume deinen Schlaf begleiten.

IRISCHER SEGENSWUNSCH

Muße,
nicht Arbeit, ist das Ziel des Menschen.

OSCAR WILDE

Nur in einem ruhigen Teich
spiegelt sich das Licht der Sterne.

AUS CHINA

Still-liegen und Wenig-denken
ist das wohlfeilste Arzneimittel
für alle Krankheiten der Seele
und wird, bei gutem Willen,
von Stunde zu Stunde seines Gebrauchs
angenehmer.

FRIEDRICH NIETZSCHE

VERTRÄUMTER GROSSSTADTABEND

Auch der Großstadt Lärm wird ruhig,
wenn sich Dämmer auf sie neigen,
und in ihre dunklen Gassen
tritt der Abend; vor den Toren
Wiesenschlaf und Felderschweigen.

Hier im Park sitz ich versonnen,
Auenduft liebkost mich linde
so wie einst in Kindertagen,
und der Abend legt mir gütig
um die Stirn die dunkle Binde.

Selig hör ich und voll Andacht
den Choral des Schweigens schallen,
und ich seh des Himmelsmantels
blauen, sternbestickten Sammet
weich und zärtlich niederwallen.

HUGO SALUS

Einen Tag
ungestört in Muße zu verleben heißt,
einen Tag unsterblich zu sein.

AUS CHINA

*Was wir in
Mußestunden tun,
macht uns zu dem,
was wir sind.*

KALENDERSPRUCH

Wenn du immer rennst,
wirst du niemandem mehr begegnen,
nicht einmal dir selber.
Wenn du das Tiefste in dir ergreifen willst,
musst du eine Pause machen können.
Wenn du stehend isst, verdaust du schlecht.

Setz dich!

AUS FRANKREICH

Achtsamkeitsübungen im Alltag können dich einen Moment bewusster erleben lassen. Schließe zum Beispiel beim Essen die Augen, konzentriere dich nur auf deine Empfindungen und den Geschmack jedes Bissens. Erlebe den Moment bewusst.

Ich muss den Saiten meines Gemütes jeden Tag einige

Ruhe gönnen,

um sie gleichsam von Neuem aufzuziehen, damit sie den rechten Ton und Ausklang behalten. Am besten gelingt mir dies in der Einsamkeit, aber nicht im Zimmer, sondern in den stillen Stunden der freien Natur. Unterlasse ich das, dann werde ich verstimmt, und das wird nur ärger im Geräusche der Welt.

LUISE VON MECKLENBURG-STRELITZ

GANZ STILL EINMAL …

Ganz still einmal im Grünen liegen dürfen … zu einem sommerblauen Himmel sehn, mit weißen Wolken … und auf das Zwitschern in den Wipfeln hören … auf das Geriesel heimlicher Quellen … den Duft der Luft einschlürfen und des blühenden Laubes, die selige Ruhe rings des vollen, reifen Lebens … ganz still, und nicht zu denken haben an all die hundert nichtigen Notwendigkeiten, die so und so viel Sorglichkeit und Müh erfordern, und nur: damit das Pendelwerk des Tags nicht stehen bleibt …
ganz still einmal im Grünen liegen können
und alles
vergessen dürfen, was man soll und muss … und will! für andere und für sich! und will und soll und muss!

Und seine Träume
gleich Schmetterlingen gaukeln lassen,
sonnenselig,
von Rosenstrauch zu Rosenstrauch,
mit schimmernden Flügeln, das flim-
mernde Tal hin, über goldene Felder
und wallende Flüsse zu duftverlorenen
fernen Höhn und weiter, tief und im-
mer tiefer, ins uferlose Blau des Him-
mels ... sonnenselig ...
ganz still einmal so liegen können
und ohne dass
auch diesem Tag dann wieder vom
Kirchturm drüben eine Glocke klingt
und ohne dass
auch dieser Tag dann wieder im Grau
der Abenddämmerung untersinkt!

CÄSAR FLAISCHLEN

An einem schönen Tag im Schatten sitzen
und ins Grüne schauen ist die größte Erfrischung.

JANE AUSTEN

Ruhig sitzen, *nichts tun.*
Der Frühling kommt
und das Gras wächst von selbst.

AUS DEM ZENRIN KUSHÛ

Man kann einen seligen, seligsten Tag haben,
ohne etwas anders dazu zu gebrauchen
als blauen Himmel und grüne Frühlingserde.

JEAN PAUL

UM KRAFT FÜR DEN TAG

ZU SCHÖPFEN,

SOLLTE MAN

DAS HAUS VERLASSEN

UND DEM SONNENAUFGANG

ZUSEHEN.

KALENDERSPRUCH

Die Arbeit läuft dir nicht davon,
wenn du deinem Kind
einen Regenbogen zeigst.
Aber der Regenbogen wartet nicht,
bis du mit der Arbeit fertig bist.

AUS CHINA

Für die wichtigen Dinge im Leben
hat man eigentlich
immer Zeit,
man muss sie sich nur nehmen.

KALENDERSPRUCH

PAUSE

Nun nach sonndurchglühten Tagen
liegt die Welt so still und ruht;
graue Wolkenhügel ragen,
bergend vor der Sonne Glut.
Keine Luft geht in den Zweigen:
schweigend ruhen, ruhend schweigen.

HEINRICH SEIDEL

Manchmal
ist das Wichtigste am ganzen Tag
die Pause, die wir
zwischen zwei tiefen Atemzügen
machen.

ETTY HILLESUM

Ich habe die große Beschäftigung, müßig zu gehen; ich habe eine ungemeine Fertigkeit im

Nichtstun;

ich besitze eine ungeheure Ausdauer in der Faulheit. Keine Schwiele schändet meine Hände; der Boden hat noch keinen Tropfen von meiner Stirne getrunken; ich bin noch Jungfrau in der Arbeit, und wenn es mir nicht der Mühe zu viel wäre, würde ich mir die Mühe machen, ihnen diese Verdienste weitläufiger auseinanderzusetzen.

GEORG BÜCHNER

Müßiggang ist nicht Nichtstun,
sondern die Freiheit zu tun, was man will.

KALENDERSPRUCH

Wie herrlich ist es, nichts zu tun
und von dem Nichtstun
auszuruhn!

HEINRICH ZILLE

Ich bin immer, auch im Leben,
für Ruhepunkte.
Parks ohne Bänke können mir gestohlen werden.

THEODOR FONTANE

*Wer Pausen macht,
hat mehr vom Leben.*

KALENDERSPRUCH

Die Bescheidenheit glücklicher Menschen
kommt von der Ruhe,
die das Glück ihren Gemütern verleiht.

FRANÇOIS DE LA ROCHEFOUCAULD

Nichtstun erquickt.

MARCUS TULLIUS CICERO

Meine Zeit teile ich so ein:
Die halbe Zeit schlafe ich,
die andre halbe verträume ich.
Während ich schlafe,
träume ich niemals, das wäre Sünde;
denn zu schlafen, das ist die höchste Genialität.

SØREN KIERKEGAARD

Übereilung tut nicht gut,
Bedachtsamkeit
macht alle Dinge besser.

EURIPIDES

Nimm dir eine kleine Auszeit von der virtuellen Welt.
Natürlich sind Smartphone und Co. praktische und nützliche Begleiter.
Doch ein Abendspaziergang ohne soziale Medien kann für dich die Pause sein, von der du nicht wusstest, dass du dich nach ihr sehnst.

Übe dich in der Langsamkeit.

NOVALIS

Hier bin ich Mensch, hier darf ich's sein!

JOHANN WOLFGANG VON GOETHE

Sechzig Sekunden der Träumerei
sind sechzig Sekunden lebendiger Ruhe
für Leib und Geist.

PRENTICE MULFORD

EIN BREITER RAND

VON MUẞE

IST IM LEBEN

EINES MENSCHEN

EBENSO SCHÖN

WIE IN EINEM BUCH.

HENRY DAVID THOREAU

Gott sei Dank, ein wenig Ruhe!
und daheim! und ungestört
endlich einmal doch ein Abend,
der mir wieder selbst gehört!

Schön ist's, ja! und bleibt es immer,
guter Freunde Freund zu sein!
doch zuweilen gibt's auch Stunden,
da man gern einmal allein:

Auszudenken, was tagsüber
durch die Seele schwankt und schwirrt,
eh sich's wieder, halb erfasst nur,
ungelöst ins Chaos wirrt.

Ohne Lüge sich zu freuen!
wer es dürfte, wer es könnt!
selbst-genug sich selbst zu leben,
glücklich, selig, wem's vergönnt!

CÄSAR FLAISCHLEN

Ein *entspannter* Mensch
ist ein gesunder Mensch.

AUS CHINA

Die Ruhe
ist die natürliche Stimmung
eines wohlgeregelten, mit sich einigen Herzens.

WILHELM VON HUMBOLDT

Ruhe ist eine Eigenschaft, die herangebildet
und nach und nach erworben werden kann,
aber die Schule der Ruhe bist immer du selbst.

PRENTICE MULFORD

Der Mensch
braucht ein Plätzchen,
und wär's noch so klein,
von dem er kann sagen:
Sieh, hier dies ist mein!
Hier leb ich, hier lieb ich,
hier ruhe ich aus,
hier ist meine Heimat,
hier bin ich zu Haus.

HAUSINSCHRIFT

IN DER RUHE LIEGT DAS GLÜCK

Ein Mönch beschloss, sich in die Einsamkeit zurückzuziehen, um sich weit weg vom lärmenden Leben der Zivilisation ganz der Meditation widmen zu können.

Nach vielen Monaten gelangte ein Wanderer zu seiner Einsiedelei. Er war erschöpft und bat den Mönch um etwas Wasser.

Dieser nahm eine Schale, füllte sie mit frischem Wasser aus der Zisterne und reichte sie dem Fremden. Der trank gierig und bemerkte dann: „Es ist so einsam hier. Welchen Sinn siehst du in deinem Leben in der Stille?"

Der Mönch schwieg einen Augenblick. Dann wies er auf das aufgewühlte Wasser der Zisterne.

„Schau hinein. Was siehst du?", fragte er.

Der Fremde warf einen Blick auf die unruhige Wasseroberfläche und antwortete: „Ich sehe nichts."

Der Mönch entgegnete nichts – und wartete. Nach einer Weile des Schweigens forderte er den

Wanderer erneut auf: „Schau auf das Wasser. Was siehst du jetzt?"

Noch einmal blickte der Fremde auf das nun ruhige Wasser der Zisterne. „Jetzt sehe ich mich selbst!", antwortete er.

„So hast du deine Frage beantwortet", sprach der Mönch. „Als du das erste Mal in die Zisterne geschaut hast, war das Wasser noch unruhig vom Schöpfen. Du konntest nichts erkennen. Nun ist das Wasser ruhig – das ist die Erfahrung der Stille: Man sieht und erkennt sich selbst."

WEISHEITSGESCHICHTE

Das sind die Stunden,
da ich mich finde.
Dunkel wellen die Wiesen im Winde,
allen Birken schimmert die Rinde,
und der Abend kommt über sie.

Und ich wachse in seinem Schweigen,
möchte blühen mit vielen Zweigen,
nur um mit allen mich einzureigen
in die einige Harmonie ...

RAINER MARIA RILKE

Doch sind diese Pausen,
wo der Geist ruht,
wohl nicht ganz zu verachten.

FRIEDRICH HEBBEL

*Auch die Pause
gehört zur Musik.*

STEFAN ZWEIG

Es gibt Stunden, Strecken, Pausen im Leben,
die für diese Zielbewussten als tote Punkte gelten.
Sie sind es keineswegs;
in ihnen ruht oft unser Bestes und Tiefstes aus
und streckt unser Zartestes seine Fühler
in die Ferne.

FRIEDRICH KAYSSLER

Kein Tag vergeht mir so rasch, hinterlässt mir eine so angenehme Erinnerung wie einer, an dem ich weder einen Besuch zu machen noch zu empfangen brauche. Kein Abend scheint mir besser angewendet als der, den ich in meiner Kaminecke verträume, allein mit meinen Gedanken und mit meiner Strickerei.

MARIE VON EBNER-ESCHENBACH

Vergiss sie nicht: die Zeit für dich ganz allein. Kleine Ruheoasen im Alltag, in denen du nur das tust, was du tun möchtest. Ein Buch lesen, shoppen gehen oder einfach die Wolken am Himmel beobachten.

NIMM DIR ZEIT,

DEN HIMMEL ZU BETRACHTEN,

SUCHE GESTALTEN

IN DEN WOLKEN.

HÖRE DAS WEHEN

DES WINDES

UND BERÜHRE

DAS KALTE WASSER.

GEHE MIT LEISEN

BEHUTSAMEN SCHRITTEN.

WEISHEIT

ICH HAB ES GERNE …

Ich hab es gerne … wenn Nebel liegt … jener schwere dicke Herbst- und Winternebel, durch den die Sonne nicht mehr durchkommt, sodass es wie weiße Nacht in den Straßen steht.
Es ist so schön still dann überall … das laute Rasseln und Rollen des Alltags dämpft sich zu leisem heimlichem Summen, das ganze Leben rinnt zu Traum hinüber und es ist immer nur ein kleines Stückchen, das du übersiehst …

Ich hab es gerne drum, wenn Nebel liegt … es ist so traulich und so heimisch dann auf Erden:
Es ist wie ein still Zu-Hause-sein, wie ein Besinnen auf sich selbst und Kräfte-sammeln …

CÄSAR FLAISCHLEN

Während ich mich
an einem schwülen Tag
auf den trägen Wassern des Sees treiben lasse,
höre ich fast auf zu leben und

fange an zu sein.

HENRY DAVID THOREAU

Ich wünsche jedem ein trautes Plätzchen,
wo er dann und wann
die ganze Welt vergessen kann.

JULIUS FREUND

Den Puls des eigenen Herzens spüren.
Ruhe im Innern, Ruhe im Äußeren.
Wieder Atem holen lernen, das ist es.

CHRISTIAN MORGENSTERN

Ruhe, Stille, Sofa
und eine Tasse Tee geht über alles.

THEODOR FONTANE

Ich habe Ruhe gesucht überall
und habe sie am Ende gefunden
in einem Winkel bei einem kleinen Buche.

FRANZ VON SALES